JN418659

창조문학대표시인선 · 297

삶의 바다

이아영 시집

창조문학사

| 서시

머문다는 것은

아쉬움의 시간은 언제나 가슴속에 남는다
기쁜 일이나 슬픈 일이나 조금씩 기억 속에 남는 것이 있다

되돌아갈 수도 없는 그때 그 일이
연잎 위의 빗물처럼 기억 속에 머물러
추억의 그림자를 더듬고 있다

행복한 지금 잊었던 고뇌의 시간이 있었음을
어둠의 장막에 갇혀 헤맬 때
순간의 그림처럼 머물렀던
구름 나그네는 기억하리

시간은 아쉬움을 남기고
마음 밭에 머물러 지워지지 않는 추억은
살아있는 아름다운 한 폭의 그림이다

지금은 단 한 번만이라도
그 순간으로 되돌아갈 수가 없다
귀중한 시간이라는 것을 알아차리지 못한 채 떠나보내고
남은 추억은 희망의 빛이 되어
안개처럼 겨울의 나목을 두르고 있다

마음속 가장 깊은 곳에 새겨진
그 향기를 더하여
오는 세상에서 신선한 힘을 얻으리

2024년 4월 이아영

삶의 바다

이아영시집

[차례]

1부 삶의 문양이 되어

2부 춘산

3부 불꽃같은 눈으로

1부 삶의 문양이 되어

꿈

꿈이 안개처럼
희미해진 지 오래 건 만
무언가 배우지 않으면 불안한 것은

내 속에
구름 같은 욕심이
남아서일까

꿈과 욕심 중에
무엇이
더 오래 살아 있을까

배운 것을 연습해 본다
될 것 같기도 한데
조금 더 일찍 시작했더라면...

손자들의 커 가는 모습에서
나를 보고
꿈을 실어 본다

내게 날개가 있다면

날개를 펴고 창공을 날아
온 세상을 눈에 담고

가슴속에 간직했던 소중한 짐을
훌훌 날려버린다

날개를 접고 높은 산에 내려앉아
가슴속에 쌓아 둔 헛된 것들을

모두 날려 버리고
가벼워진 몸에 다시 날개를 펴 올린다

끝없이 날고 싶다
내일엔 모든 걸 백지에서 시작하고

마음의 짐과 헛된 것들을 쌓아 두지 않으리
처음부터 새로운 그림을 그려야겠다

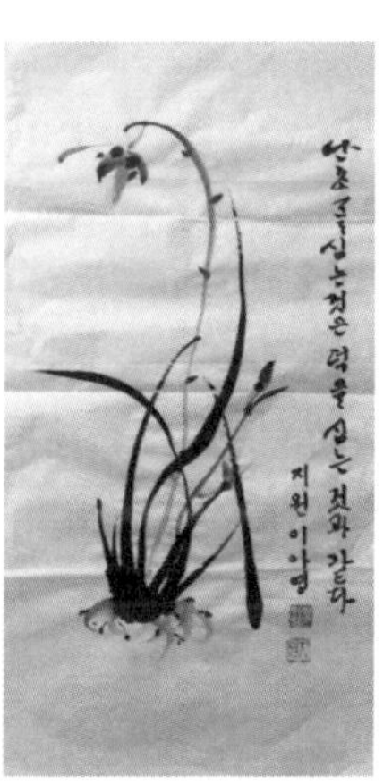

하얀 뜰 앞에서

하얀 뜰에 심을
꿈을 고른다

무엇이든지 받아주는
말 없는 넓은 밭이다

정직한 마음으로 보여주며
열정의 마음으로 숨기지 않는다

겸손함으로 있는 그대로
붓 가는 대로
솔직 담백하게 뜻을 전해주고

심은 꿈을 빛으로
더욱 돋보이게 한다

오늘도 나는 너에게
꿈을 전한다

비인 뜰

벼루에 놓인 먹과 붓은
나의 텅 비인 뜰을 보며
마음속 비밀의 씨앗을
뿌리려 한다

오늘은 무엇을 심으려나
문방사우 친구들은
기다린다
꿈을 심을 그 누구인가를

날렵한 붓끝은
나의 뺨을 스치고
손끝에 다가와
함께 침묵의 말을 심는다

또 하나의 세상에
비인 뜰을 채운다

*문방사우: 지, 필, 묵, 벼루

마음의 빛

-햇살 같은 말 한마디

얼마나 뜨거울까
우주의 차가운 냉기를
온몸을 태워 따스하게

남을 위하여 온전히 내어주고
어둠을 비추는

원하는 것을
아낌없이 주고도
넉넉한 빛으로 가득한 태양

각박해져 가는 가슴에
저 태양의 마음을 담아
햇살 같은 말 한마디

어둡고 추운 세상에
한 줄기 희망의 빛으로
한줄기 생명의 빛으로

내 인생의 빛깔

내가 하고 싶은 것을 하고 있는 지금
하기 싫으면 안 해도 되는 지금
내 맘대로 해도 누가 뭐라지 않는 지금

원하던 삶이 아니더라도
남이 부러워하는 삶이 아니더라도
남보다 풍족한 삶이 아니더라도

자유가 있고
열정이 있고
건강이 있고

하고 싶은 것을
하고 있는 지금
황금빛 인생이 아닌가!

나의 빛깔과 향기

내가 생각해도 나는 정말 밋밋하다
특별히 잘 생기지도 않고 못 생기지도 않고
성격이 유별나지도 않고 그다지 착하지도 않다

빛깔로 치면 선호하는 색은 하늘색이지만
사실은 희미한 분홍에 가까운 색이다

이 분홍색은 언제나 무시당하는 나의 소망이기도 하다
이것저것에 치이다 보면 분홍은 진분홍이 되기도 하고
때론 빨갛게 물들어 타는 듯하기도 하다

그러나 대부분 분홍이 다 빠져나간 빛바랜 치마처럼
향기 없는 꽃잎이 되어
나무 그늘에서 말라가고 있다

세상의 헛된 소망과 욕심은 한이 없어서
하늘색 같은 파아란 마음을 사모한다

그냥 미련 없이 떠내려가고 싶다
집 앞에 흐르는 맑은 시냇물이 되어

파아란 마음

파아란 하늘처럼
맑은 마음을 갖고 싶다

비가 오나 눈이 오나
진눈깨비가 내려도
저 너머엔 여전히
파아란 하늘이 존재한다

어두운 구름이 걷히고
사나운 비바람이 흘러가면
무지개 뒤엔 파아란 하늘이 열린다

한숨 쉴 땐 하늘을 보고
가슴이 답답할 땐 노래를 부른다.

하늘이시여
하늘이시여
파아란 하늘이시여

첫걸음

두려움과 설렘 속에서 걷는다
무엇을 만날까
작은 두근거림

첫걸음이
창창한 먼 길의 출발점이라면

보일 듯 말 듯 새겨진 자국마다
보배로 가득한 그 무엇인가를

나아가는 발걸음마다
작은 자욱이 꽃길이 되어 남는다

두려움과 설렘 속에서
작은 두근거림이
내 마음에- 속삭인다

길을 걷는다

길

눈앞이 깜깜하고
하늘이 무너지고
어디로 가야 할지
도무지 모를 때 암담해지지

푸른 하늘이 잿빛이 되고
따스한 햇볕이 차가운 서릿발이 되고
정다운 미소조차 냉랭하게 느껴지고
아무것도 위로가 되어주지 못할 때

어디선가 들려오는 소리
'더 좋은 길이 있을 거야'
달빛이 내려앉은 희미한 길
어둠이 서서히 익어가는 낯 설은 길

더 좋은 길은 있을 거야
이 어둠이 걷힐 둥근달이 떠 있는 길
저 밝은 태양이 반겨주는 따스한 길이
반드시 탄탄한 아스팔트 길이 있을 거야

눈앞의 어두움이 서서히 걷히고
푸른 하늘의 흰 구름을 가슴에 담고
희망의 소리에 힘입어서
희미한 오솔길로 발걸음을 내딛는다

삶의 문양이 되어

내 살아온 길
뭐 특별한 의미가 담긴 게 있을까

나 홀로 떠나게 될 때
무엇을 남기고 갈까

마음에 가득한 것들
맑은 하늘에나 띄워 볼까

하늘에 모두 쏟아내고
아무도 모르게 마음을 닦아 낸다

저 하늘만큼이나
푸르고 깨끗한 마음 되어

새들처럼 아무 말 없이
날아다니고 싶다

너그러운 하늘 속에
맑고 깨끗한 하늘 속에

삶

꿈결처럼 지나온 세월이 삶이라면
나는 지금 꿈을 꾸는 것일지도 모른다

생각나는 것도 있고 다 잊은 것도 있고
어렴풋하게 보이는 것도 있다

하늘이 내게 준 자연 속의 만물과 사람들
그리고 바람과 국화향기와
아름다운 저 저녁노을까지도 누리며

끝없이 소유할 것 같던 것들을
귀한 줄도 모른 채
꿈이 깨지는 날이 언젠지도 모르고
그냥 지나쳐 버리면서

아름다운 가을 단풍이 가는 것을 아쉬워하며
떨어진 낙엽 밟는 소리에 늦가을이 저문다

"시몬 너는 좋으냐
이 낙엽 밟는 소리가…."
(레미 드 구르몽의 낙엽 중에서)

여기까지

-부표

깊이를 알 수 없는 바다에
하아얀 부표가 손짓한다

망망대해 고기잡이 어부들
부표를 향해 나아간다

삶의 바다에 떠도는 인생이
누군가의 잘못된 부표가 되지 않도록

배우고 닦으며
목표가 있는 여정이 여기까지라고...

삶의 언덕에서

다 올라왔는가
아직도
저만치 보이는 그 길

허덕여 올라
한숨 돌리고 바라보면
안개 곁에 숨어 손짓하는 소나무

지친 몸 걸터앉은 그루터기
굽이굽이 언덕 아래 오솔길
멀리도 왔구나 놀라워라 그 길

지난 세월 꼽아 보니
입가에 미소와 눈가에 이슬이 남아
하얀 수건에 고이고이 물들여

푸른 하늘 흰 구름에 띄워
두둥실 실어 보내리
오늘도
내 마음 저 언덕에 두고 올라간다

그림자놀이

삶은 그림자놀이
비겁한 술래잡기이다

내가 누구인지 감추고
속살은 드러내지 않는

인생의 여정은
그저 장막 뒤에서
어른대는 검은 초상일 뿐

인간이 되었다가
동물이 되었다가
꽃이 되어 보는

흰 장막 뒤에서 자신을 비추는
'굴메 지우기' 놀이에
나날이 나도 젖어간다

☆굴메 지우기~사람 또는 동물의 모양을 불빛으로
흰 막이나 흰 벽 위에 비치게 하여
움직이는 그림자가 나타나게 하는
그림자놀이

손

오늘은
나의 작은 손이
커 보인다
주름진 나의 손이

이 손이 없었다면
그 많은 일들을 어찌 다 해냈을까
다루기 힘들었던 버거운 세월
한 움큼도 안 되는 좋은

손가락 사이로 나도 모르게 흐르던 소중한 것들이
이젠 주름진 손에 강물처럼 고여 있다

가만히 들여다보면
아무것도 남은 것이 없지만
이 손으로 많은 것을 해낸 것이 고맙다

오늘따라
커 보이는 나의 아름다운 손

나를 위한 손

나는 나를 얼마나 사랑하고 있을까
스스로 만족함 없이
늘 부족함으로 허덕이고 있다

누가 나를 사랑해 주겠는가
내 속에 나를 위한 손을 준비해 두어
언제든지 나를 위해 써야겠다

진정 나를 사랑하는 이가 누구일까

인간은 나 보다 남을
더 사랑하지 않는걸

나를 사랑하는 이가 누구일까
나는 누구를 사랑해야만 하는가

거울아

Ⅰ 거울아 거울아
나는 너를 볼 수가 없구나
너는 나를 보고
세월을 알아보는데

나는 나를 보지 못하고
너의 모습만 안쓰러워하는구나

거울아 너는 아무것도
안에 가두지 않고 잡지도 않고
밀어내지도 않는구나
남들은 나를 아는데
난 나를 모른다니!

Ⅱ 너의 모습이 나라고 깨닫는 그 순간
비인 마음으로 자신을 바라본다

깨끗이 닦인 너에게 나를 보여주고
나를 알아볼 수 있도록
자신을 닦아본다

호수

-내 마음 호수가 되어

내 마음은 잔잔한 호수이기를
물에 떠 있는 백조와 청둥오리
시원한 계곡물과 샘솟는 맑은 물 가득히

거울 같은 호수에 단풍나무 누워 있고
산 그림자 반가워 안아보고
밤하늘의 달과 별들의 놀이터 되고
호반에 피어난 수선화
백조의 친구 되어 노닌다

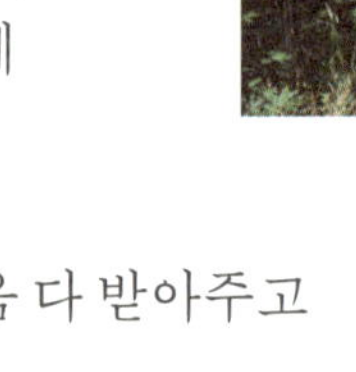

고인 물이 힘들어
바람 따라 물결칠 때
단비 내려 다독이네

새로이 정화되어
나그네의 지친 마음 다 받아주고
가슴에 담겨있는
작은 물고기의 보금자리

내 마음 잔잔한 호수가 되어

바다는 흐른다

Ⅰ 갈 길은 한이 없고 끝도 없다
둥근 지구를 돌고 또 돌고
잠시도 쉬지 않고 흐른다

품이 넓어 육지를 다 삼키고도 남지만
내 안에 있는 것으로도 충분하다

강물은 끊임없이
많은 물을 데리고 온다
흐르는 강물에 던져진
수많은 한숨과 슬픔이 타고 온다

슬픔과 고통은 흘러가 버리면 그만인 것을
폭풍과 파도에 얹어 흐르고
새로운 기운으로 승화시키고
내 안에 사는 모든 것들과 함께 나눈다

누가 더 높아지려 하지 않고
어디를 가나 동등한 물속세상
저 멀리 수평선 너머 너머에는
평화와 안식이 흐르고 있다

Ⅱ 바다는 너울너울 춤을 추며
끝없이 흐르고 있다

물과 불

타오르는 불꽃
결코 미미하지 않다
한여름의 왕성한 에너지
넘치는 자신감과 활동력
꺼질 줄 모르는 열정이 있기에

불씨를 살려 물을 데우려
가까이하지만 혼자서는 안된다

차가운 물의 어두운 기운이
따스한 온기를 기다린다

화합의 동지가 필요하다

둘이 서로 필요한 존재이지만
부딪치면 갈등과 아픔이 온다
불이 지나치게 왕성할 때
물은 조용히 흘러 인내하며
방해하지 않고 때를 기다린다

상극인 불과 물이 상생할 때
혼자만의 길을 가지 않고
서로 덕을 지니고 화합하는
내면의 깊은 배려가 필요하지

천둥

가슴에서
'쿵' 하고 천둥소리가 난다

아니
번개도 없었는데

나도 모르게
쌓여서 헤어 나오지 못한

많은 것들을
소나기에 담아 쓸어 보낸다

마음을 비우고 나니
저 하늘엔 무지개가 서 있네

천둥소리
이젠 무섭지 않다

태양의 고독

새 아침이면 어김없이 찾아와
만물을 깨우고 생명을 불어 주는

봄 여름 가을 겨울
빛과 열기를 때에 맞춰 알맞게

바라는 대로 원하는 대로 골고루 나누어 주는
한없는 사랑으로 넘치는 우주의 제왕

달나라 별나라에는 모두 가보고 싶어 하지만
태양에는 가까이 가지 못 한다네

주위에는 많은 친구가 있지만
몸이 뜨거워 가까이 안아줄 친구는
하나도 없다네

열정의 외로움을 지닌 화려한 고독
무한대의 사랑

텅 빈 가슴은 여전히 웃고 있네

떠오르는 붉은 태양을 바라만 본다
가까이 하기엔 너무나도 위대한 당신

벌써 찬란한 빛은 온 누리를 감싸고 있네

촛불과 새벽

Ⅰ 새벽의 문을 열고
하루가 시작되듯이

초의 눈물 속에
녹아내린 절망 속에서

불꽃처럼 피어나는
소망의 날갯짓

Ⅱ 새벽의 여명을 두드려
희망의 하루를 깨운다

어둠 속에서 헤매고 있는
길 잃은 이에게

얼마나 큰 위안이 되는지

캄캄한 밤에 어둠을 밝히는
촛불 하나가

가로등

달빛은 떠나가고 별도 지지만
하염없이 오가는 이들을 기다린다
낮이나 밤이나 늘 그 자리에서
묵묵히 허공을 지키고 있는

어둠 속에 평안함을 주려고
어둠을 밝히는 깃발

말없이 따스한 빛으로 반기며
그림자 속으로 떠나보내는

가로등은 알고 있다
수많은 사연이 허공에 새겨짐을

삶에 지친 발자국 따라
하루의 삶에 빛으로 위로를 보낸다
오늘도 그 자리에 변함없이 서서
그 누군가를 기다린다

고마운 가로등이다
마음속의 가로등은 어디에

디딤돌

딛고 가는 발걸음마다
느껴지는 울림이
가슴 깊이 실려 오는 아련한 기억인가요

밝은 빛 스쳐 간 그리운 발자욱
소리 없이 머물렀던
눈물의 이별이었나요

딛고 가신 돌 위에 남겨진
당신의 발자국 오롯이 안고
모진 세월 가는 줄도 모는 채

당신을 어렴풋이 생각하니
어느새
흰 머리카락이
아이들의 디딤돌이 되어 있었네요

세월이 흘러 누군가의
디딤돌이 되어...

지혜로운 반석

날 때부터 단단한 몸
좋아하는 친구의 손도 잡을 수가 없구나

몸이 부서져 조약돌이 되지만
조금도 부드러워지지 않아

아름다운 집을 지을 수 있게
보이지 않는 곳으로 들어간다

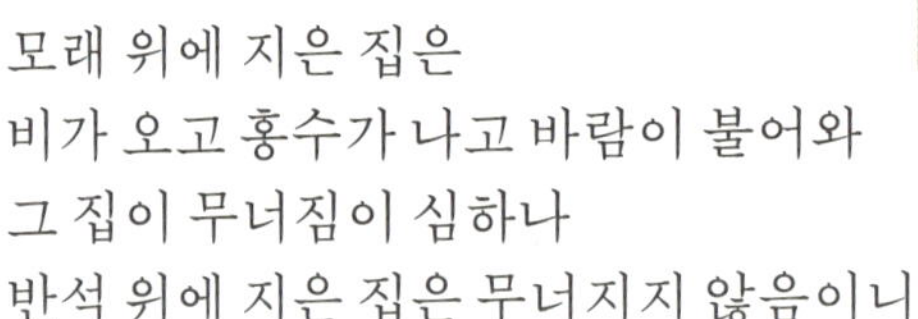

모래 위에 지은 집은
비가 오고 홍수가 나고 바람이 불어와
그 집이 무너짐이 심하나
반석 위에 지은 집은 무너지지 않음이니

나의 단단한 몸이
보이지 않는 반석이 되어

주어진 소명을 불평하지 말고
순종하며 행하여야겠다

흔적

지나온 삶의 역사는
얼굴 표정에 쌓여

감출 수 없이
들켜 버리고 만다

마음에 고운 흔적 남겨서
뜨락의 이파리가
가을을 알려 올 때

그 잎새에 고운 마음을 담아
아름다운 빛깔로 그리며

지난 세월 좋았노라고
말하고 싶다

머문다는 것은

아쉬움의 시간은 언제나 가슴속에 남는다
기쁜 일이나 슬픈 일이나
조금씩 기억 속에 남는 것이 있다

되돌아갈 수도 없는 그때 그 일이
연잎 위의 빗물처럼 기억 속에 머물러
추억의 그림자를 더듬고 있다

행복한 지금 잊었던 고뇌의 시간이 있었음을
어둠의 장막에 갇혀 헤맬 때
순간의 그림처럼 머물렀던
구름 나그네는 기억하리

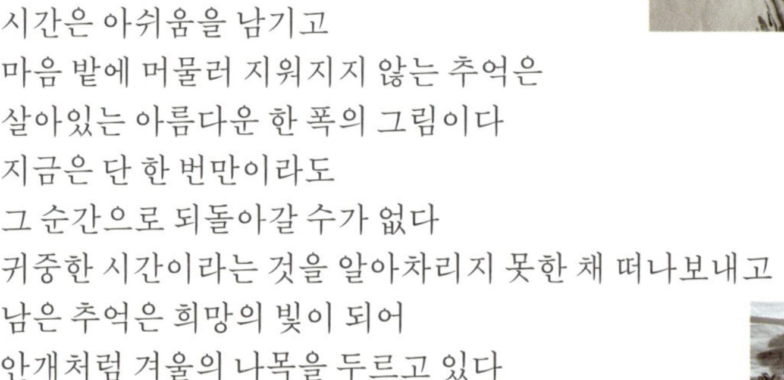

시간은 아쉬움을 남기고
마음 밭에 머물러 지워지지 않는 추억은
살아있는 아름다운 한 폭의 그림이다
지금은 단 한 번만이라도
그 순간으로 되돌아갈 수가 없다
귀중한 시간이라는 것을 알아차리지 못한 채 떠나보내고
남은 추억은 희망의 빛이 되어
안개처럼 겨울의 나목을 두르고 있다

마음속 가장 깊은 곳에 새겨진
그 향기를 더하여
오는 세상에서 신선한 힘을 얻으리

시간의 여백

시간은 흐른다
만약 젊은 날에 모든 걸 다 해 봤다면
만약 갖고 싶은 걸 다 가져 보았다면

이제 시간이 남아도는 때가 왔을 때
무얼 할 수 있을까

하고 싶은 일도
갖고 싶은 것도
그 무언의 일도
한 가닥 남겨두어

언젠가
저 푸른 자연의 싱그러움처럼
저 자유로운 새의 영혼처럼

새로운 푸른 날로 살아야지

☆숭실학교 홈커밍데이에 초대받은 날에
2014. 10. 8.

2부 춘산

춘산

춘산에 오른다
생명을 만난다
아쉬움 속에 단풍이 낙엽 되더니
그 가을의 쓸쓸함은 간데없고

맑고 청순한 새봄의 아침이 열린다
떨어질 듯 매달렸던 누런 잎이
어느새 아기 잎눈에 자리를 내어주고
고운 연둣빛으로 움 돋는

춘산은 부른다
여린 꽃들과 마른땅을 적시는 봄비와
아기 볼처럼 부드러운 봄바람이
꽃잎을 비비며

춘산은 부른다
봄의 정령들을 깨운다
상처로 얼룩진 땅속에서
망설이는
여린 꽃들을 깨운다

봄이 오면

봄이 오면
산에 들에 펼쳐지는 신세계

봄비는 잠자던 대지를 흔들어
산천초목을 깨우고

기다리던 새싹들은
다투어 솟아 나와 마음들을 깨우고

봄을 반기는 모든 이에게
행복한 탄성을 발하게 하고

순서를 어찌 아는지
차례대로 꽃피우고

눈 안엔 가득히 봄이 들어온다

매화

부지런한 이여
아름다운 이여

한겨울에
누구를 맞이하려고
문밖에 마중 나왔나

약속이라도 있었나
닫힌 문 열고 홀로 서서
봄님 오시길 기다리나

멀고 먼 강남길
소식은 아직인데
너의 아름다운 자태를
그 님은 볼 수 있을는지
꽃잎 지고 잎이 나올 때
향기라도 잎새 끝에 달아 놓아
임이 오시면 전하려무나

개나리

마른나무 가지에
노오란 등불 밝혀

온 세상을 환하게 하더니
어느새 푸른 잎 불러내어

싱그런 동산에
연둣빛 젊음을 실어줍니다

다음 순서는 누구야 하듯이
긴 가지 늘어뜨리고 마중 나간 개나리

곱고 고운 연분홍 진달래 따라
이름 모를 들꽃들이 앞 다투며 다양한 모습으로 피어나

아름다운 꽃동산을 이룬 개나리 공원에
더욱 예쁜 아이들이 놀러 나옵니다

나의 소망이여

아지랑이 피어나듯
그리움의 숨소리
나비 날개 타고

저 들녘
파릇파릇
손짓하며 다가오는 봄님

연분홍 꽃잎 사이로
살며시 내다보는 꽃술은
누구를 기다리나

대지를 적시는
봄비 사이로
봄 아가씨들 춤추네

봄날 1

흐린 봄날
진한 핑크빛 잠바를 입고
회색빛 거리를 걷는다

간혹
길가엔 벚꽃이 꽃망울을 터트리고
노오란 개나리
산수유도 화려하게
흰 목련도 환하게
거리를 밝게 해 준다

친구들과 헤어져 버스에 올라
오랜만에 거리의
생동감을 느껴본다

좀 더디더라도
한 번씩 버스를 타는 것이
새롭다는 생각을 하며
스쳐 가는 풍경을 눈에 담는다

봄날 2

나이가 들어가니
봄날이 가을 보다
더 좋아진다

가을 하면 끝이 보이는데
봄을 생각하면
시작이라는 마음이 든다

난 더 오래 살고 싶은가 보다
나이 들어 추한 모습이 싫어
눈 속에 숨어 겨울잠 자느니

봄날의 안개처럼
사라지더라도

진달래 개나리가 고운 색으로 춤추고
노랑나비 흰나비가 너울거리는
봄날의 푸르름이 더 좋다

봄의 소리

변함없는 자연의 섭리로
때를 따라 어김없이 찾아온 봄은

가벼운 옷차림으로 발걸음을 가볍게 하고
하늘도 기뻐하고 땅도 즐거워
만물을 소생케 하는 부드러운 손이구나

움츠러든 심신에 새로운 기운이 돌게 하고
마치 새것인양 처음 보는듯한
꽃들의 탄성을 쏟게 하는 능력자로구나

온갖 잠자던 초목들을 깨워 창밖으로 불러내며
시냇물이 강물로 모이듯 바쁜 걸음으로
황량한 토지를 매만져서
연한 풀이 돋아나게 하는구나

꽃길 따라 걸어가서 반가운 이들 모여 노래하라고
우울한 인생들에게 태양처럼 환하게 웃으라고
아름다운 산천을 보여 주는구나

구름으로 옷을 지어 입고 아지랑이 너울 쓰고
새싹이 다치지 않게 소록소록 봄비 내려
메마른 가슴까지 적시는구나

해 아래 새것은 없나니
지난해에 왔던 봄아 올해 내게 머물러
내년에도 또 너의 발자욱 소리 기다리마

뿌리

-뿌리의 선물

영산홍이 내 뜰 안에
피어나고 있다

가지마다 연분홍 꽃
피고 지는 화려하고 예쁜 꽃

겨우내 앙상한 가지
주눅 든 초록 잎사귀
죽은 듯 떨고 있더니

튼실한 뿌리의 선물인가
봄의 뜰에 한 송이 두 송이
어느새 너의 창을 열고 모두 나와
갸웃이 고개 내민 얼굴

꽃소식 전하며 나를 반기고
나의 가슴을
환희로 가득 물들이는구나

목련이 오고 있네

봄눈 녹아 마른 가지 목 축이고
연둣빛 스민 갈빛 껍질 사이로
간질이는 새싹들의 기지개

아지랑이 개나리 울타리
움트는 여린 새싹 살며시 쓰다듬고
꽃망울 송알 소리에 흔들리는 새벽의 은구슬

달리기 경주하듯 동백이 피어나고
매화는 쫓아와 쓸쓸한 고목에
아! 등불 켜는데

저어기 목련이 오고 있네!
맞으러 나가자
반가운 벗님도 오실는지

시련 속에서

4월의 문이 열렸다
봄기운이 밀려와 품에 안긴다

문지방에 한 발을 딛고
봄의 향기를 맡아본다

훈훈하고 달콤한 꽃 내음
풋풋한 잎새의 연두색 봄빛

잠자던 심신의 약동이
스멀스멀 발끝에 스민다

찬란한 봄의 향연 속으로
발걸음을 내딛는다

혹독한 겨울
시련 속에서 다시 태어난

봄을 맞으러
4월의 문밖으로 나간다

난초

발붙이고 살아가는 몸
뿌리내려 한 곳에
태양 가득 품어 안고
고결한 자태 피워보네

소리 없이 올라온 꽃대
잎새 사이에 살며시 내밀고
꽃잎 하나둘 고개 들어
여기저기 살펴보네

아무도 없는 허공엔
지나가는 바람만 손짓하는데
따라갈 수 없는 몸이기에
멀리멀리 향기라도 보내볼까

향기 따라 바람 따라
벌 나비 오려나
근심 걱정 접어두고
향내 찾아오려무나

뒷동산에 올라

자연을 배운다
차례대로 피어나는
꽃들의 향연 속에서
신비함과 아름다움의 실체를 본다

일찍 져 버리는 이별의 아쉬움을 남긴 채
다음 꽃에게 순서를 내어주고 떠나는

무성한 나뭇잎은
신선한 공기를 내뿜으며
한껏 여름을 재촉한다
철 따라 떨어질 때를 아는 존재
나무의 부속들도 다양하다
녹음이 짙어 가면 그늘도 깊어진다

오늘도 뒷동산에 올라
기다림 속에서
자연을 배운다

소풍

오월의 푸른 숲으로 나간다
가벼운 옷을 두르고
모처럼 여고 동창 친구들 만날 18세 소녀의 마음으로

지하철을 몇 번 갈아타고 가려니 숨이 가쁘다
그래도 정거장을 놓치지 않고
서울숲으로 잘 찾아갔다
푸른 바람도 함께 따라왔다

바리바리 싸 온 점심을 먹으며 웃음꽃을 피우고
지난날 하늘 보며 흐르는 구름 꽃을 보듯이
서로의 건강을 챙기며 다음을 약속하고

갔던 길을 되돌아
집으로 향했다
즐거운 봄 소풍 추억의 날 이었다

오월이 가네

아카시아 향기가 온 마을을 뒤덮고
꿀벌을 손짓하여 봄의 향연을 벌리더니

장미와 목단이 따라와 피어났지만
수많은 꽃 잔치는 어느새 갔다

연록은 진록으로 물들어
여름을 향해 힘을 쏟는구나

봄은 언제 다시 오려나
또다시 맞이할 수 있을까

한 번 멈추면 끝나버리는 시계라면
지금 이 시간을 낭비할 수는 없다

어느새 싱그러운 신록은 짙어지고
살아 있다는 즐거움이 온몸을 감싼다

여름의 강렬한 태양의 기를 받아
더욱 적극적으로 살아가야지

붉은 장미

장미꽃을 보면
숨이 막힐 것처럼 예쁘다

속내를 드러내지 않고
한 겹 두 겹 살포시 꽃잎 색깔에 실어

조용히 미소 짓는 붉은 장미의 자태는
정녕 꽃들의 여왕이다

세상의 슬픔을 잠시라도 잊게 해주는
가슴이 아름다운 치료자

서글픈 마음을 조금이라도 씻어주는
마음이 따뜻한 위로자

기쁠 때 더욱 활짝 웃게 하는
영혼이 아름다운 동반자

너의 이름
붉은 장미

첫사랑의 향기

언뜻 코끝에 스치는 향기
심신에 아련한 그리움이 스며온다

어릴 제 좋아하던 꽃 내음은
지금도 그 향기 그대로인데

어느덧 머리에 인 많은 시간을
가지 위에 내려놓고
단발머리 소녀 시절로 돌아가 본다

창문을 열면
쏟아지는 라일락 향기

아!
별들과 함께 달그림자 속에

그 옛날 연분홍 봄바람에 실어
머얼리 멀리 보내고 싶어라

하늘의 색

-내가 좋아하는 하늘

내가 좋아하는 하늘은
호수처럼 푸른색이다
영혼이 순수한 맑게 갠 푸른 하늘색

하늘색이 푸르다는 생각을 깨려면
그것이 고정관념이라는 것을 깨닫는 것이다

진노랑의 일출과 다홍색의 노을은
찬란한 태양의 하늘의 색

흐린 날의 회색빛 하늘
진 보라색 새벽하늘

한밤중엔 검은색 하늘
사랑에 빠졌을 땐 온통 분홍색 하늘

하늘을 본다
미세먼지로 가득한
채도 없는 잿빛 하늘

맑은 하늘은 언제나 마음을 시원케 하지만
저마다의 사연을 안고 있는 하늘의 색은
어딘가 서로 닮아서
모든 이의 마음을 달래준다

영원처럼 순수한 푸른 하늘색
맑은 호수처럼 푸른색이다

멋쟁이

꽃이 진 자리에 연록이 움트고
봄비가 몇 차례 다녀가면
진록의 풍성한 잎사귀들로
들과 산은 멋진 청년 같이 된다

작열하는 여름 태양은 만물을 잉태하고
속살을 드러나게 하는 노련한 멋쟁이

한번 흘러가면 다시 돌아오지 않는 계곡물은
손과 발을 담그며 마음까지 씻어주는 맑은 멋쟁이

푸른 소나무는 나그네의 쉼터
학도 놀고 가게 한다는 든든한 멋쟁이

여름은 멋쟁이의 계절
흐르는 땀방울도 예쁜 손수건에 적셔
저 태양을 보며 화답하리

나도 이 계절의 멋쟁이

슈만의 봄

봄을 맞이하려고 기쁨의 몸짓이 시작됩니다
겨우내 움츠렸던 땅속의 기운들이 모두 깨어나라고
마구 두드립니다
봄바람은 찬바람을 떠나보내려고 안간힘을 다해 춤추며
두드립니다
둥지 안의 새들은 목청을 가다듬고 발성 연습을 시작합니다
꽃망울도 조심스럽게 밖을 내다보며 기지개를 켭니다
만물은 다 놀라서 깨어나 기쁨의 소리를 칩니다.
다 나와요 다 나와요
얼었던 시냇물이 졸-졸
개구리는 놀라서 두리번두리번
늦잠 자던 나비도 둥지 속에서 봄의 소리를 듣습니다.
하늘에서는 추위를 녹이는 봄비가 내립니다
아지랑이는 너울너울 춤추며 봄의 향기를 어루만집니다
인간은 왜 봄이 다시 올 수 없는 건지...
예술은 영원하다는 말이 실감이 납니다
'슈만의' 봄을 들으며 봄을 다시 한번 만나봅니다
힘이 솟아납니다
봄이 이렇게 신나고 활기찬 계절인 줄 몰랐습니다

수국

탐스런 꽃송이 수국의 계절
칠월의 녹음 속에
여름을 시원하게 식혀주는 꽃

땅의 성질에 따라
다른 색깔의 꽃을 피우는

바람둥이 파아란 수국
소녀의 꿈이라는 분홍수국

흰색은 변덕 변심이라고
그래도 보라색은 진심이라네요

산성흙에는 파란색의 꽃
염기성에는 분홍색이나 보라색 꽃
중성 흙에는 흰색 꽃이 핀답니다

바탕에 따라 꽃의 색깔이
변하는데 우리는
어떤 바탕에 심겨진 걸까요

그녀의 여름

그녀는 폭염의 한가운데를 걷고 있다
작열하는 아스팔트 길은 발바닥을 달구지만
어디 한 곳 서늘한 그늘은 없다

저 멀리 매미 소리가 제철을 만나 신나게 들려올 뿐
어딘가에 우거진 나무가 있다는 기대감에
가벼워지는 발걸음

지친 그녀의 얼굴에 생기가 깃든 것은
땀에 젖은 여름의 소리를 받아들인 그때였다

봄이 그립고 가을 겨울이 그리워지는 것은
한여름의 뜨거운 태양이 있기 때문이다

바다의 품

하늘은 푸르고
햇살은 부드러워

파도 위에 갈매기 하얀 날갯짓하고
가마우지는 물 위로 솟아올라 자신을 알린다

하늘의 마음 따라 바다는 푸르게도 검게도
아름다운 황금빛으로 물들이고

파도는 푸르게 다가와 하얗게 부서지는데
무엇이든 다 품어주는 바다 아닌가

기쁨도 슬픔도 묵묵히 받아 안고
심연의 깊은 곳에 쉴 곳 내어주는
무심한 듯 늘 거기에 있다

부드러운 햇살은 말없이 고마워
드넓은 바다를 정답게 바라보는데

구름이 되어

공원 잔디에 누워 하늘을 본다
푸른 하늘의 모습이
더 높고 새롭다

나뭇잎 사이로 비치는 햇살과
스치는 바람결에 숨소리마저
평온한 하루를 축복하는 듯

온갖 사념들을 허공에 뿜어 날리고
아무것도 갖지 않은
하늘에 안기고 싶어라

흘러가던 흰 구름이
사다리 모양을 지어놓고
올라오라 손짓한다

어디로 갈 수 있을까
그곳엔 무엇이 있을까
아득히 먼 그곳

구름이 되어 흘러 다니다가
빗물이 되어 모르는 척 내려와
살고 싶은 곳에 머물러 살아볼까

상념에 잠겨 상상의 나라를 거닐다 눈을 들어보니
사다리는 간데없고 곰돌이가 놀고 있네
뜬구름 잡을 길 없구나

소나기 2

-한 조각 검은 구름에 실려

한 조각 검은 구름에 실려 하늘 바다를 노 젓는다
천둥과 번개도 함께 벗 삼아

땅을 밟고 싶지만 언제 어디로 내려갈지 망설이는데
갑자기 더운 바람 찬 바람이 함께 불어와

번개가 놀라 천둥을 깨우고 천둥은 요란한 호령 소리로
구름을 흔들어 내려가라 소리친다

번개야 함께 가자 등불 비춰 앞장서라
천둥아 나팔 불어라 신나게 행진을 시작하자

더위에 지친 메마른 대지와 수목에 상쾌함을
먼지로 뒤덮인 세상을 깨끗이 씻어주자

처마 끝에 앉은 새끼제비 다칠라
잠시 동안만 내리고 떠나자

이른 비와 늦은 비를 알맞게 만나
이 땅에 만물이 풍성 해 지도록

새벽달의 연인들

수평선 위로 떠 오르는
찬란한 붉은 태양은
해그림자를 붉게 드리우고

한쪽 하늘가에는 하얀 반달이
밤새워 지켰던 자리를 내어주고
저 멀리서 태양을 맞이하네

밝은 해에 가리워 하얗게 바래버린
수줍은 반달은 빛 속에 숨어
무엇을 생각하고 있는지

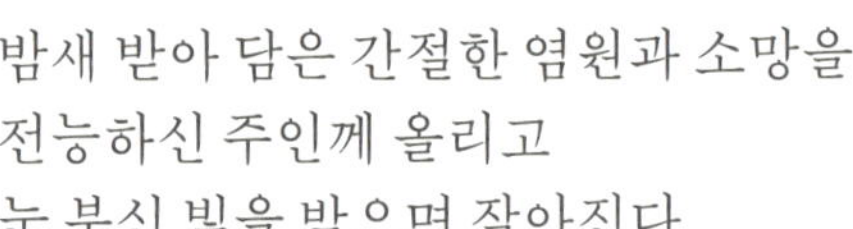

밤새 받아 담은 간절한 염원과 소망을
전능하신 주인께 올리고
눈 부신 빛을 받으며 작아진다

다시 해가 기울고 하늘에 어두움이 서리면
숨었던 하얀 달은 차츰 제빛을 발하며
모습을 드러내고 소임을 시작한다

넘실대는 바다는 그대로인데
해와 달과 별이 드나든다
고기잡이배들과 함께

물질하기

Ⅰ 그림 속에 들어가
꿈꾸듯 날아다니던
동화의 나라
끝없는 용기와 이상의 나라로

사랑과 연민으로 미지의 세계
생의 한가운데로
하루하루를 암울한 소용돌이 속에서
순간의 기쁨을 간신히 건져 올려

Ⅱ 기나긴 나날들을 엮으며
세월의 나루터로 흘러간다

쏟아지는 단물은 받을 길 없이
손가락 사이로 빠져나가
하릴없이 비인 손만 내려다본다

어느새 되돌아갈 길은 멀어지고
여기저기 기웃거리며
건강을 물질하는 나이 칠십이 되었네

봄이 되면 새순 돋는 나무는 못되어도
청포도 그림 속에 들어가
푸른 칠월의 청포도가 되어 볼까나

가을과 나

-가을이 좋다

아름다운 빛깔로 물들어
뽐내고 있구나
가지마다 작은 열매가
영글어 가는

그 자리에 그대로
더 가지려고 애쓰지 않아도
존재 자체로 풍족한 가을이 좋다

선선한 바람이 일고
땀 흘리지 않고 산책할 수 있어
낙엽이 쌓인 길을 걷는다

'구루몽' 의 시를 떠 올리며
무거운 짐은 낙엽처럼 하나씩 내려놓고

마음에 쌓인 욕심도
하나둘 떨구어 내는

달려갈 길을 다 마치고
황금 들녘에서 쉴 수 있는

아! 나의 가을이

시몬, 너는 좋으냐?
낙엽 밟는 소리가

*구루몽의 시 중에서

그대 있음에

푸른 잎 창창하여
초록 기상 온 천지에 날리더니

노랑 옷으로 갈아입어
아름다운 가을 문턱에 다다라

온 세상 탄성과 따스함으로 가득히 채우고
한 잎 두 잎 예쁜 미소로 화답하고

늙은 몸매 감추어 노랑 너울 쓰고
숨겨두었던 열매 끝내 떨구어

가을바람에 예쁜 옷 다 흩날리고
가지가지 벌거벗은 지친 육신 되었구나

추운 겨울 어이 버티려고 옷은 다 벗었나!
하얀 옷이라도 찬 바람을 막아주려나

이 땅의 황금 길을 걸으며
그대를 생각한다오

그대가 있어서
아름다운 이 가을을 사랑하며 보낼 수 있기에

달 아주머니

마음 좋은 달 아주머니가 보고 싶다

슬프고 섭섭하고
속에서 화가 치밀 때
모든 게 허무할 때

마음 좋은 달 아줌마가 오늘따라 보고 싶다

나의 투정을 받아주고
귀찮은 잔소리까지도 포용하고
상한 마음을 깨끗이 씻어주며
위로해 줄 것 같은 나의 달 아주머니가

계수나무에서 그네 타고
토끼와 함께 떡방아 찧고
내가 좋아하는 인절미에
고소한 콩가루 묻혀서 달빛 아래서 나눠 먹으며

마음씨 좋은 둥근달 아주머니와
밤새도록 얘기하고 싶다

사계절

-봄이 오면 깨어나리

꽃망울 송알 소리에 흔들리는 은구슬
움트는 여린 새싹 살며시 쓰다듬고
봄이면 아지랑이 개나리 울타리에

시냇물 흘러 흘러 땀방울 거둬가네
즐거운 진록의 청춘 한여름의 꽃망울
여름날 무더위는 소나기 묻어가고

하늘은 높아지고 가지엔 주렁주렁
가슴엔 하나 가득히 그리움이 쌓이네
가을엔 그 사람이 생각나 보고 싶다

산에도 꽃밭에도 빗장을 걸어놓고
잠자는 씨앗들의 꿈 봄이 오면 깨어나리
겨울이 다가오는 빗소리 바람 소리

겨울

겨울은 계절의 여백
한국화의 흰 여백처럼
거기엔 말 없는 이야기가 한가득

쉴 틈 없이 달려온 봄 여름 가을
뒤돌아볼 시간이
눈처럼 하얗게 펼쳐있다

다가올 봄을 기다리며
보이지 않는 땅속에서
여백에 채울 그림을 그리고

다 떠나보내고
허전하나 가벼운 마음으로
지난 계절 돌아보며

모진 바람에 상한 마음 실어 보내고
다시 올 봄의 전령을 맞이하려
오색 물감을 풀어 밑그림을 소리 없이 그린다

겨울 속의 연인

늘 봄이고 여름이다
겨울이 없는 나날들

첫눈이 오는 날
거리를 하염없이 뜨거운 눈빛으로

코트 주머니 속에 꼬옥 잡은 따뜻한 두 손

겨울이 더
낭만적인 연인들

하얀 들판에
그들만의 발자욱을 새겨놓고

비단길을 꿈꾸며
구만리길을 걸어간다

사시사철

산천은 의구한데
인걸은 간데없네

앞산의 진달래꽃
올해도 다시 피겠지

한겨울 매화꽃이
목련의 언니 되고

소한이 대한더러
봄소식 전하란다

변함없는 사시사철
또다시 찾아오는데

아 가는 세월
어디에 매어둘까

사람은 가도 인연은 남아
자연의 섭리 속에 산다네

3부 불꽃같은 눈으로

대지의 품

흙에서 돋아나는 수많은 생명이 있음이여
변함없는 믿음으로 희망을 심는다

무엇을 심던지 묵묵히 받아들이고
머금은 물과 함께
봄날에 온종일 싹을 틔우는

우리의 삶은
흙 위에서 영위되고

흙에서 왔으니 흙으로 돌아가는
자연의 순리는 변함없음이여

영원한 어머니의 모습을 닮은 대지는
모든 것을 받들고 아낌없이 준다

삶의 존재는
이상과 꿈을 실은
대지 위에서 펼쳐진다

어머니의 기도

간절한 바람의
기도하는 소리였나

물결처럼 흐르던 슬픔과 아픔이
마디마디 소리가 되어

기쁠 때나 괴로울 때나
고운 목소리로 찬송하던 그 아름다운 음성이

집안에 가득히
내 귀에 들려오는 어머니의 노래는

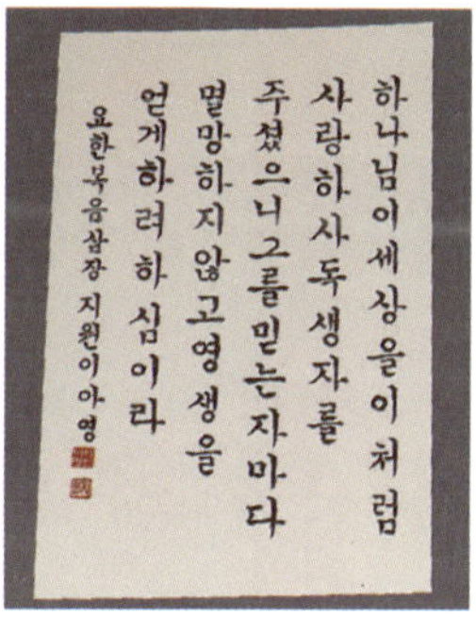

지금도 귀에 생생하여
내 마음을 따스하게 만든다

물결처럼 흐르던
그 소리가

우산

궂은날에 나들이
젊은 날의 희생이어라

눈·비 막아주던 너
울긋불긋 예쁜 색깔로
회색의 거리를
동화의 나라로

어디로 가는지도 모르는 채
나를 너의 가슴에 품고

좁은 집에서 잠자던 너
맑은 날엔
서로 잊혀진 줄 알았는데

후드득 한 줄기 처마를 두드리면
너를 깨워
제일 먼저 찾아가는 그리운 손들
널따란 어머니의 품 같아라

추억의 그림 한 장

추억의 그림 한 장 들여다본다
말하지 않아도
그 속엔 많은 사연이 담겨있어

대천 바다의 일렁이는 파도가 보이고
속초의 빨갛게 떠오르는 해돋이가 보이고
표정엔 무엇을 말하는지
마음의 소리가

지나간 날이 아름다운
추억의 그림이 되어
지금보다 싱그러운 모습
꽃내음 속에 묻힌 이야기

그날의 발자취 속에 걷는다
추억은 또 하나의 사진첩이 되어
마음속에 살아서

희뿌연 파도의 물안개처럼
그 시절의 행복한 미소를 다시 한번

보이지 않는 향기

어디선가 엄마의 향기가 난다
그 옛날 해 질 녘 저녁에 엄마의 옷에서 나던

엄마가 그리워진다
언제나 다정했던 그 모습이

나의 눈에는 우리 엄마가 제일 예뻤다
바람결에 흐르는 구름 사이로
문득 스치는 얼굴이 선명하다

엄마의 얼굴이 그리움 되어
바람의 언덕 너머로 살며시 불어온다
어디선가 개운한 콩나물국 냄새가 저녁 향기 되어

마음속에 남아 있는 보이지 않는 향기는
한없이 주셨던 엄마의 사랑이었나 보다

청운동

내가 태어난 곳
종로구 청운동
어렴풋이 생각나는
그 집은 어디쯤인지

다섯 살 기억 속에
그 집 앞 넓은 길
그 대문 안 잔디밭
부모님 손에 매달려 그네 타던
작은 소녀가 있다

여기쯤인듯한데 그 집은 보이지 않고
사진 속 아버지 품에 안긴 세 살 적 모습이
자하문 밖 가는 길 위에 서 있다

6.25 나던 날
우리 집 대문 밖 길 양쪽에
군인 아저씨들이 무장하고
지키던 모습이 생생하다.

어릴 때 행복했던 그 집이 자꾸 그립다
전쟁으로 무너졌던 우리의 평화가
또다시 흔들리는 일이 없기를
바라는 마음이 가득한데

저 북녘에는 언제나 차가운 얼음이 녹아지려나

옛 골목에는

골목길은 알고 있다
길 양쪽에 살고 있는 골목 식구들이 누구인지
아침이면 학교 가는 아이들을 배웅하고
저녁이면 퇴근하는 가장들을 맞이한다

낮에는 어린아이들이 뛰어놀던 골목길
뒷집 상희 앞집 완이 또 그들의 형제들이 어울려서
모두 나와 딱지치고 고무줄 하고 다방구 하고
가끔 싸우기도 하며 소리 소리치던 놀이터

언제부터인가 골목길엔 아이들이 보이지 않고
차들만 가득히 주인이 되었지
재잘거려 시끄럽기 그지없던
그 아이들이 그리워진다

키우던 애완견 토니도 거기서 짝을 만나고
앞집 엄마 뒷집 할머니 서로 안 부하고
밥 타는 냄새 고기 굽는 냄새
된장찌개 냄새 풍겨 나던 길

달빛과 희미한 가로등은 여전한데
바람 따라 멀리 간
아이들의 목소리가 들리는 듯하다

오늘도 여전히 저녁 발걸음 소리 기다린다

나에게는

나에겐 나에겐
필연의 가족이 있지
기쁠 때나 슬플 때나

내 속에 있는 빈 공간을 메워 줄
또 하나의 가족

비바람 불거나 햇살이 내릴 때
나의 형제처럼
나와 시간을 함께해 주는
나의 벗이다

잘하거나 못 하거나
상관없다

삶 속에서 정화되고
보람이 느껴지면
그만인 것을

내 영혼을 맑게 하는 하모니카
나의 힘을 길러 주는 서예 필력
창작열을 높여주는 문인화풍경이여

이처럼 함께해 줄 가족이
이 세상에 또 있단 말인가
참으로 나에게 귀하고 귀하도다

식탁과 꽃병

말끔히 닦아 놓은 식탁에는
아직
많은 것이 담겨있다

그 자리엔 식구들이 둘러앉아
도란거리는 이야기로
싱거운 국물에 간을 대신 맞추고

한 날의 나침반이 돌고
하루의 발걸음이 다시 모이는 곳이다

정해진 자리가 있어
자연스레 돌아가는 소리 없는 식탁의 질서

철 따라 올라오는 소박한 음식은
식탁을 살찌게 하고

비인 자리가 생기면
메울 길 없는 공허함에

외로운 슬픔을 삼키며
사랑의 그리움을 먹는 곳이다

식탁에 나의 얘기를 들어줄 꽃병 하나
내가 그의 이름을 불러주어야겠다

눈물이 흘러내리는 길

우리의 가는 길에 눈물이 내리게 하소서
뜨거운 눈물로 온갖 상처를 씻을 수 있도록

눈물이 흘러내리는 길에 들어서서 마음이 젖게 하소서
메마른 가슴을 적시어 옥토로 변하도록

위로의 말 대신 뜨거운 눈물을 머금게 하소서
얼어붙은 마음을 녹여주는 따스한 샘이 되도록

넉넉한 마음으로 눈물이 흐르는 길을 걷게 하소서
모든 상처를 쏟아 쓰라린 아픔이 흘러가도록

슬픈 이들과 공감하여 우리의 마음 밭이 따뜻하게 하소서
따스하고 온전한 새 살이 돋아나게 하도록

눈물로 슬픔을 씻어 내리게 하소서
서로의 마음에 치유의 정을 담도록

나를 사랑하는 이

부모님이 돌아가신 후
진정 나를 사랑하는 이 가
누구일까

인간은 나 보다 남을
더 사랑하지는 않는걸
필요에 의한 사랑을 하고 있지

나는 나를 또 얼마나 사랑하고 있을까
스스로 만족함 없이
늘 부족함으로 허덕이고 있다

누가 나를 사랑해 주길 기대하지 말고
내 속에 나를 위한 손을 준비해 두어야겠어

나를 사랑하시는 이가
늘 내 곁에 계시니
항상 기뻐하고
감사할 따름이다

친정 가는 날

고향 땅 나들이 가는 길
멀고도 멀구나
삼 남매 앞세우고 친정 가는 날
고운 옷 차려입고 부푼 가슴 안고
낯익은 나룻 길을 가네

그동안 쌓인 기쁨과 슬픔도 함께
커다란 선물 더미 지게에 가득 싣고
두루미도 즐거운 양
너울춤을 추며 앞서가누나
해가 지기 전에 가야 할 텐데

낯익은 산천 따라
부지런히 노 젓는 뱃사공
덩달아 신이 나고
강물도 즐거워 춤추는 물결
산천초목도 흥겨운 바람을 타고
어서 오라 반가이 마중하네

마음은 벌써 친정 앞마당에 가 있고
발걸음은 가벼운데
노 젓는 나룻배는 느리게만 가는구나!
반가운 얼굴들이 물아래 아른거린다
사공아 어서 가자 석양 길 아래 물길이 멀구나

오늘이라는 시간

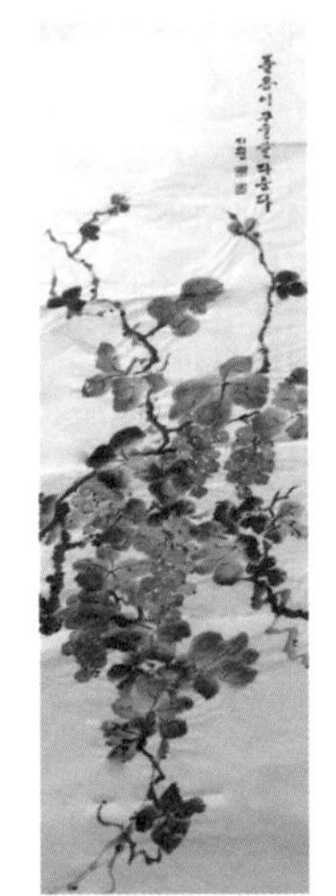

오늘이 며칠인가요
....
아!
29일이 월요일이니까
28일이 일요일, 27일이 토요일
오늘은 금요일이니, 26일이네요

오늘이 며칠인지
구태여 생각 않고 살고 있구나!

75세 이상 고령 운전자의 적성검사
치매 안심센터에서 긴장하며 검사를 받았다

십칠 세에 간 친구는 아직도 그 시간 속에 머물러 그대로인데
누군가가 뒤에서 억지로 떼민 것 같다고
「하루키」는 작품 속에서 나이를 슬퍼했다
죽은 자만이 영원히 열일곱이었다고

이제부터는 아침에
날짜를 확인해야겠다
시간은 유수와 같다
물이 공간 속에 머물지 않듯이

* 하루키 : 일본작가　　2022. 08. 27

남기고 갈 것들

나 그런대로 잘 살았다
미소 지으며 떠나는

소소한 행복을
작은 기쁨을 위하여

한 줌의 만족을 위하여
얼마나 애썼는지

마음속 작은 방을
얼마만큼 비워 놓았는지

겨를도 없이 흘러간 삶의 물결
잠시 머물러 남기고 갈 것들을 되짚어

그런대로 잘 살았구나
가벼운 마음으로 떠나고 싶다

안도하는 미소를 남기며
나 그런대로 잘 살았노라고

연세 졸업 50주년

합격자 발표하는 날
집에 도착할 때까지
자꾸만 웃음이 나와
입을 다물지 못하던 기쁨이
엊그제 같은데

어려운 공부 마치고
사회에 첫 발을 디딘 지
어느덧 50주년 이라니

4년이라는 황금 같은 시간이 없었다면
50년의 우정이 있었을까
변할 수도
도망할 수도
내칠 수도 없는
혈육과도 같은 사이

동기들 모습이 내 모습 같아
서로 여전히 예쁘다고 헛소리하며
우린 달마다 모여 안부를 확인한다

인생의 책임을 대부분 다 하고
이제 홀가분히
남은 생을 덤으로 산다고 생각하니
정말 마음이 편해진다

그동안 받았던 은총이
얼마나 많았던가를
감사하면서

우리를 가르쳐주신 은사님들도
이젠 두 분만이

그렇게 존경스러우시고
우리를 사랑해 주신
우리들의 롤 모델이셨던

교수님들의 그 음성이
아직도 생생한데

그뿐이랴
동고동락했던
사랑하는 친구들 몇몇도
대답 없는 이름이 되었다

남아있는 동기들아
우리 서로 할 수 있는 대로
이해하고 웃으며 살자

그리고
다리 튼튼하게 잘 간수하여
모임에 빠지지 말고
달마다 만나자

만날 수 있을 때까지

하늘에 빛이 반짝일 때

별은 반짝인다
밤하늘에 별을 보고
하늘나라에 계신
부모님을 그리워할 때

수많은 별들이 알지 못할 빛으로 반짝인다
그 옛날 내 별은 어디일까
찾아보던 별바다에
엄마별이 어디 있는지

글썽이는 눈물에 잠겨서일까
별빛은 소리 없이 반짝이며 말한다
엄마는 잘 있다
아프지 않고 잘 있다

나는 엄마의 또 하나의 거울이니
자연이 돌아갈 것을 명령한 날
자식들을 통하여
다시 황금시대를 볼 것이다

반짝이는 별을 향해
마음의 눈을 든다
소망의 길이 보이는
빛을 향하여

흐르는 것

-물

물결에 스며
제 모습 감추인 채

어딘가로
새로이 창조하는
근원의 힘으로

어디에도 거스르지 않고
위에서 아래로만

거룩한 어머니의
한없는 마음 같아라

흐르는 물결
순종의 삶을 따라

가슴에 멍든 조약돌을
깨끗이 씻어주고
떠나는
머언 나그네 길

내 마음의 창

창을 열자

내 마음의 창으로
나를 들여다본다
정말 보잘것없는
온갖 잡동사니들로 가득 차있는 내 마음

모두 날려 보낸다
한결 넓어진 마음 밭에
새로운 소망의 씨를 심어 싹을 틔운다

창을 닫지 말자

자유롭게 드나드는
온갖 아름다운 생각으로
평온의 마음 밭을 가꾸어
뒷동산에 아름다운 정원을 만들어가자

흐르는 시냇물과 반짝이는 햇살에
갈증 난 마음 밭을 적신다

창을 열자

마음은

마음은 보이지 않아서
지금 어디 있는지
무얼 하는지
기분이 어떤지
남이 알 수가 없네

마음은 어린양처럼 여려서
쉽게 다치고
쉽게 찢어지며
꿰매기 힘든 안개 같은 것

하늘이 흐리면 구름이 짙어지듯
삶의 굴레가 버거워지면
마음은 더욱 무거워져서 비가 되어 내리듯이

흐린 날이나 비가 오는 날이나
구름 위에는 찬란한 해가 빛나고 있듯이
긍정의 힘으로 모든 것을 이겨 낸다

마음은 언제나 맑음이다
구름을 걷어내어 깨끗한 하늘처럼
해 같이 빛나는 아름다운 마음처럼

나무의 침묵

나무가 소리 없이 부른다
산으로 향하는 수많은 사람들

나무는 말하지 않는다
다만 기쁨도 슬픔도 아픔도 상처도
몸짓으로만 표현한다

나무의 친구는 바람이다
작은 손짓에도 반기며 춤을 춘다

사나운 폭풍에는 달아날 수 없어
다만 강한 몸짓으로 대항한다

나무는 봄을 부른다
아무 말 없이 닫았던 봄의 문을 열고
겨우내 돌보던 새싹을 내보내면서
살아 있음을 보여 준다

나무는 침묵한다
말없이 묵묵히 견디며
자기 할 일 다 하는
그런 나무가 좋다

나무의 미소

나무는 세상 풍파를 스스로 견디며
생명의 신비를 몸으로 말해 주는 듯

모든 격정을 잠재우고
겨울에 털어내는 나목처럼
자기 것 이상의 욕심을 갖지 않으며

서 있는 듯 봄으로 걸어가며
죽은 듯 살아 있는
인내와 여유로움의 표본이다

조금씩 아주 조금씩 커가며
세찬 바람에도 뿌리는 흔들리지 않고
자꾸자꾸 깊숙이 겨울 속에 살아낸다

나무는 삶의 표상이다
위로와 용기 소망을 주는
모든 두려움을 포용하는 말없는 숲의 미소다

그루터기의 나무

-나무의 가치

맨몸으로 서 있다

부끄러워하지 않고 더 가지려고도
사계절 자연에 모든 걸 맡기고
주는 대로 받으며 말없이
청춘의 뿌리는 물을 찾아 힘차게 뻗어간다

무성한 잎사귀를 터뜨려 폭염을 가려주고
비틀림도 올곧음도 다 자연이 주는 그대로
가지 위에 집을 짓는 새들에게 몸을 내어주고

시간의 흐름 속에
나무들의 잎이 다 떨어진 것을 볼 때
고운 것도 아름다운 것도 다 제 모습 버림 같아
자신을 내어주는 것이 영원히 보존하는 길

그루터기만 남아
물을 찾아 힘차게 뻗어가던
청춘의 뿌리를 고요히 거두어
늙은 부모처럼 오직 편히 앉아 쉬고 있다

자연은 가장 잘 받은 자에게 더 준다니
받은 선물을 소중히 키워가는구나
슬픔과 함께 더욱 아름다워진 사랑의 빛깔로
시간의 흐름에 순응하는

말 없는 나무의 가치

생명은 저 노을 속에

기쁨으로 생겨나
싱그럽게 자라나서

시절 지나
꽃을 피워 열매 달고
한껏 뽐내던 시간이 있었던가

어느 날
해가 저물어 노을 속에
점점 영은 흐려지고

누렇게 바래진 풀잎은
저 하늘에 그만
끝내 혼을 날려 버린다

아- 님은
잔잔한 미소에
아직 싱그러운 모습을
땅 위에 담은 채

구름 위에서
남은 세상을 바라보며 한없이
떠나오길 잘했다고 끄덕인다

하얀 미소는 저 구름 언저리에 맴돌고

-임규분 권사님 하늘 위에 보내고...

빛의 자녀

-요한복음 1장 1-18

일찍이 하늘에는 생명이 있었지
그 생명은 사람들의 빛이었지

하늘의 주인을 본 사람이 없으나
참빛을 대신 내려 보내어

어두움을 비추었으나
어두움이 깨닫지 못하였네

세상은 그를 알지 못하였고
어둠에 속한 세상은 빛보다 어두움을 더 사랑하더라

참빛을 영접하고 믿는 자에게는 새 생명을 주고
하늘의 자녀가 되는 권세를 주었지

이들은 사람의 뜻으로 나지 않고
오직 빛으로부터 난 사람이라야 한다네

하늘의 햇볕과 구름 속의 빗물이
땅 위의 온갖 산천초목을 무성히 키우듯이

참빛을 기쁘게 영접하여 영혼을 살리고
빛의 자녀가 되는 권세를 누렸으면 좋으련만

어둠에 속한 자들은 참빛을 어린양 제물로 삼았으나
그는 어두운 세상에 오히려 사랑과 평화와 새 생명을 주었나니

일찍이 하늘에는 생명이 있었지

조화로운 삶

마음의 향기는 꿈의 향기
언제나 우리를
미소 띈 얼굴로 다정히
자비롭고 너그러이

나뭇잎을 스치는 바람과
흐르는 시냇물의 속삭임은
착하고 신성한 사람이 되라고

우리의 꿈과 바람은
보잘것없는 현실 속에
아름다운 음률을 쏟아 놓을지라도
스스로도 확신하지 못하는
희미한 노래에 지나지 않는
허공에 흐르는 유성과 같은 꿈이었을 뿐

자비와 겸손은
우리의 부끄러움을 인자하게 감싸 안듯
담쟁이덩굴이 거친 벽을 커튼처럼 덮어주듯이

소박한 언어로
슬기가 들어있는 풍부한 지혜를 읊어서
꿈이 일상생활과 조화되어 삶에 녹아내리는

아름다운 흰 구름 속에 떠오르는
겸손한 생각과 맑은 심성이
진정 꿈속의 고향이어라

내 마음 내 손에

-사랑으로 승화하는 것에 대하여

잊자 잊자 잊어버리자
망각의 세계로 날려 버리자
마음속에 남은 미움

미움이 없어질 때까지 기다릴 순 없다
내가 먼저 먼 곳으로 날려 버려야지
체념과 망각이 있음에 다행으로
한 발짝씩 마음의 행복을 찾아

용서가 저절로 내게로 오지는 않는다
내 마음은 내 손에 달려 있음을
빗물에 씻겨 내리고 연잎에 조금 남아있는 미움은
오히려 사랑으로 승화시켜

다 태워버리고 마음을 바꿔
힘든 생각은 하늘에 날려버리고
좋은 일만 가슴에 담아
사랑해 라고 말해주고

불꽃같은 눈빛으로
-나를 감동시키는 것들

자기 자신을 던져
외로운 길로 가는 모습
자신의 손해를 감수하고
불의를 지나치지 못하는

냉철한 판단력에
불꽃같은 눈빛으로
뜨거운 가슴속 울분을
만인이 하지 못하는
칼을 뽑아
썩은 무를 자르듯

모든 이의 분노를
대신 삭여 주는
정의의 사도에

나와
순수한 마음을 가진
민생들은 뜨거워진다

정의로운 사도는
예나 지금이나
한 사람쯤은 있으리라

꿈의 시간

고운 모습 다소곳이
시집살이에 지친
어린 새색시
저녁이면 일기장 속으로 들어가
보고 싶은 사람들을 만난다

고달픈 하루를 그림 그리며
설핏 잠이 든 사이

어린 동자와 선녀들이
꿈의 세상으로 안내했다

아씨가 하고 싶었던 놀이
술래잡기 줄넘기 그네 타기
꽃 대궐 놀이동산에 핀 아름다운 꽃들

꿈속엔 친정동네 친구들이
마중 나와서 놀자고 한다

오늘도 저녁의 꿈의 시간을 기다린다

나의 애장품 _피아노
-그와 소리로 함께하다

내게 남겨진 가여운 나의 애장품, 40년이 넘은 그의 나이는
어쩌면 어린 시절 갖고 싶어 했던 그 시간을 합하면 60년은 되었겠다

요즈음엔 세련된 색과 모양으로 보기 좋게 나와서
우리 집에 있는 건 누가 보아도 구닥다리 시커먼 키가 큰 몸체이다

집안 정리 할 때 모두들 없애라고 야단 들이었지만 난 그럴 수 없었다
나의 첫 재산 목록이었고 가장 갖고 싶었던 물건이었기에
싫은 소리 들으면서도 끝까지 투쟁하듯이 지켰다

-----*-----*-----*-----

어느 날 그를 보내고
새로운 모습으로 내게 왔을 때
너의 소리의 영혼은 내 가슴에 아름다운 선율이 되어
나의 마음을 달래주며 그때의 슬픔을 씻어 준다

가끔 손자가 그와 놀 땐
한 없이 행복감이 밀려온다
발로 치는 줄 알았다는 소리 들려와도
그와 노는 것이 즐겁다

나와 같이 늙어 가지만
소리는 여전히 아름다운
나의 사랑 피아노 영창이여

지혜자와 우매자 (전도서 10장)

지혜와 우매함은 양 날개 같으니
우매로 큰 허물이 오며
지혜로 용서받게 함을

우매한 자가 높은 지위를 얻고
지혜로운 자가 낮은 지위에 앉게 됨을
이것은 재난이라

함정을 파는 자는
거기에 스스로 빠지고
담을 허는 자는
뱀에게 물리게 됨을

지혜자의 말은 은혜로우나
우매자의 입술은 자기를 삼키게 됨을

심중에라도 저주하지 말라
공중의 새가 그 소리를 전하고
날짐승이 그 일을 전파할 것임이라

지혜와 우매함의 양 날을 새길지라

하늘이 내게 하는 말 2

문득 하늘을 쳐다봅니다. 마음속에 분이 가득 찰 때
분노와 자책으로 얼룩진 마음은 캄캄하고 답답합니다
언제라도 절망과 미움의 늪 속에서 헤어날 무엇이 필요합니다

마음속에 작은 촛불을 켜봅니다 그리고 또 하늘을 올려다봅니
다
지극히 용서가 어렵지만 촛불 속에 던져버리고
말없이 떠가는 흰 구름처럼 그냥 말없이 떠나라고

어둠 속에서 한 줄기 빛으로 희망을 찾듯이
너의 마음속에 잠겨있는 어둠을 비춰 줄 촛불을 가지고
누구의 마음도 다치지 않도록 조심하여 살라고

메마른 매화나무의 슬픔을 아는가.
고결한 미인이 추운 겨울바람을 견디고 고운 자태를 보이듯이
촛불 속에 간직한 작은 열정을 어둠 속에서 태우라

하늘은 내게 말한다
아무런 걱정 하지 말고 촛불을 켜서 어둠을 비춰라
어디서든 촛불을 켜는 사람이 되어라

모든 것은 구름처럼 흘러가는 것이니
미련을 두지 마라
촛불로 자신을 지키어 실수하지 않도록 하라

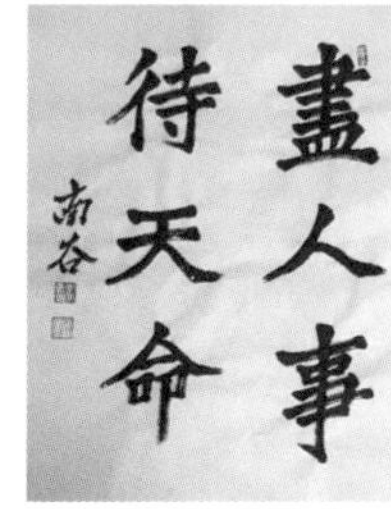

盡人事
待天命

찬란한 빛을 이 땅에

구름이 해를 가린다고
아무것도 안 보이는 것은 아니다
단지 빛나지 않을 뿐

지평선 너머로 해가 진다고
하루가 없어지는 건 아니다
밤이 그곳을 통해 오고 있지 않은가

우리 눈에 해가 보이지 않는다고
해가 죽은 것은 아니다
불타는 듯 찬란한 빛을 뿜고
내일을 기약하지 않는가

슬픔이 가득한 마음엔 광명도 흑암 같고
기쁨이 가득하면 어둠이라도 빛나는 아침 같음을

슬픔 너머에 숨어있는 한 줄기 불빛은
밤과 낮 사이에서 멈칫거리고 있는
짧은 시간의 마지막 햇살인 것을

이 땅의 에덴

내 영혼 심히 갈급하여
여호와를 갈망 하나이다
그 광대하신 권위와
존귀를 앙망 하나이다

빛으로 옷 입으신 주님을 사모하오니
그 빛으로
내 영혼의 깊은 계곡을 가리우소서

가슴속 헛된 욕심 한가운데 누각을 세우사
구름수레로 오셔서
바람 날개로 날리소서

주님의 사자로 삼으신 영혼의 바람으로
온갖 더러운 생각을 도말하시고
화염검을 휘둘러
마음속의 우상을 소멸하여 주소서

영원히 요동치 않는
이 땅의 에덴으로 회복되게 하소서

(시편 104편)

행복과 즐거움의 시원

지혜에 귀 기울이고 마음은 명철에 두어
은을 구하는 것 같이 그것을 찾으면
감추어진 보배를 찾는 것 같이
모든 선한 길을 깨달을 것이다

악에서 떠나야 한다
악인과 함께 있으려고도 하지 말고
발걸음을 악에서 떠나면
몸에 양약이 되어 골수를 윤택하게 하리라

마음을 지키고
마음의 정결을 사모하면 입술에는 덕이 있어
헛된 것과 거짓말을 멀리하고
입과 혀를 지키면 영혼을 환난에서 보전하리라

지혜가 마음에 들어가면
지식이 영혼을 즐겁게 할 것이요
지혜는 진주보다 귀하니
그 길은 즐거운 길이요 평강의 길이라

가난하지도 부하지도 말고
오직 필요한 양식으로 만족하리니

이것이 행복과 기쁨의 시원이라
-잠언 중에서-

물길을 가다

나는 그 길을 따라가고 싶다
물길은 끊임없이 흐르고
마르지 않는 생수의 강이 있어
생명의 물이 흐른다

나는 그 길 위로 가고 있다
하늘의 보고를 열고 때를 따라 비를 내려
생명과 복의 근원이 되는 물길은
더러움을 씻어주고 많은 열매를 맺게 한다

물의 길을 따라가고 있다
흐르는 물처럼 나도 흘러 흘러
때론 물길이 닫히는 곳에서 머물러 갈 곳 모를 때
어느덧 다시 열려 흐르는

하늘의 생수의 강물이 흐른다

나의 의식

의식은 수많은 행동을 유발하지
무의식일 때는 조금도 움직일 수가 없지

무심하다는 것과는 거리가 먼
내면의 깊은 생각이 나를 지배하고

습관화된 행동은
나도 모르게 나타나

늘 생각했던 속마음은
무심하게 나오는 말이 되고 있지

내 마음만 설득한다면
무엇이든 다 할 수가 있는데....

무심히 내다보는 창밖의 풍경은 내 마음 없이도
조금씩 변해가는 우리 마을의 정다운 모습

무심코 흘러가는 마음은
저 높은 곳을 향하여

날마다 조금씩
새로운 의식의 세계로

무의식의 길
-한없는 갈망

말이 필요가 없고
생각할 필요도 없고
나도 모르게

표현할 길이 없는
자신도 알지 못했던
바램은 있어도 이루지 못한 한 조각의 꿈이

갈망도 점점 희미해져 가고
손에 쥔 것도 차츰 헐거워지는데
기억조차 희미해진 아득한 안갯 속에

가끔 꿈속에 만나보는 갈망의 찌꺼기
그저 무의식이라는 생각의 그림자
그런 세상이 있어 그래도 다행이다

볼 수 없다고 느끼지 못하는 건 아니다
말하지 않아도 전할 수 있는 것을
무의식 중에 나오는 표현
진정 거울 같은 진심이 아닐까

마음의 창窓에 그린 노을빛 바다
이아영 시인의 시집『삶의 바다』

한화덕
(시인、수필가、한여울 문학 대표)

이아영 시인의 제1시집『아침노을』에 이어
제2시집『삶의 바다』를 상재함을 축하드리는 바이다.
삶의 바다는 내면에 흐르는 강의 기억 따라 풍랑이 이는
고해 苦海의 바다이지만 그 내면의 의식에 흐르는 인생길은 끝없이 흐르는 잔잔한 강의 노래이다.
삶의 바다에서 무엇을 보았는가 나의 바다에는 무엇이
존재하고 있는가 내 안의 삶 속에 또 하나의 공간으로 가슴과 함께 살고 있는 땅의 이야기다.

산이 내려와 쉬기도 하고 저녁 밤에는 별이 놀다가는 곳으로
달빛이 춤추고 시간이 흐르고 향수가 물빛에 잠기어 어리고
빛의 그림자가 물아래 누워 시간 따라 흐르는 곳 그 삶의
이야기다.

마음의 울림소리 듣고 물의 성품도 심안 心眼으로 보고 물의 포용력과 가변성, 냉정함을 볼 수 있는 힘 마저 이 시인은 세월의

연륜 따라 기른다.
이제 이아영 시인의 제2시집에 세상에 그려놓은 삶의 바다에 색깔이 주는 이미지와 함께 비바람마저 곱게 부는 이야기를 들어보자.
라일락 향기와 하늘색을 좋아하는 소녀 같은 중후한 노년으로 사군자 문인화의 묵화도 그리며 그윽한 먹의 향이 옷깃에 스민다. 서예와 문학이 지닌 문필의 힘까지 겸비한 온유한 품성의 신사임당 같이 고운 재색 才色의 품격을 지니셨다.

그가 풀어놓은 채색의 작품 속에는
1부는 삶의 문양이 되어 (30편)
2부 춘산 (34편)
3부 불꽃같은 눈으로 (37편)으로 총 101편이다

1부에는 사물과 하나 되는 합일성의 시가 많다.

하얀 뜰에 심을
꿈을 고른다

무엇이든지 받아주는
말 없는 넓은 밭이다

정직한 마음으로 보여주며
열정의 마음으로 숨기지 않는다

겸손함으로 있는 그대로
붓 가는 대로
솔직 담백하게 뜻을 전해주고

심은 꿈을 빛으로

더욱 돋보이게 한다

오늘도 나는 너에게
꿈을 전한다

–「하얀 뜰 앞에서」 전문

오늘은 무엇을 심으려나
문방사우 친구들은
기다린다
꿈을 심을 그 누구인가를

날렵한 붓끝은
나의 뺨을 스치고
손끝에 다가와
함께 침묵의 말을 심는다

또 하나의 세상에
비인 뜰을 채운다

–「비인뜰」에서

묵화墨畵의 문방사우 文房四友인 한지, 붓, 벼루, 먹에서 종이를 의인화 擬人化하여 화자 話者는 꿈을 심는다. 마음의 하얀 뜰에 씨앗을 심는 겸허한 마음으로 노력하는 꿈을 지닌 인간의 순수 열정의 모습이다. 꿈은 상상력을 돕는 지각의 열림기능이다. 능력을 길러 현실에 표현으로 역동성 있게 발돋움한다. 그림은 색채이미지와 함께 재구상하여 현실에 의식의 구현으로 빈뜰을 가꾸어나간다.

내가 생각해도 나는 정말 밋밋하다
특별히 잘 생기지도 않고 못 생기지도 않고
성격이 유별나지도 않고 그다지 착하지도 않다

빛깔로 치면 선호하는 색은 하늘색이지만
사실은 희미한 분홍에 가까운 색이다

이 분홍색은 언제나 무시당하는 나의 소망이기도 하다
이것저것에 치이다 보면 분홍은 진분홍이 되기도 하고
때론 빨갛게 물들어 타는 듯하기도 하다

그러나 대부분 분홍이 다 빠져나간 빛바랜 치마처럼
향기 없는 꽃잎이 되어
나무 그늘에서 말라가고 있다

세상의 헛된 소망과 욕심은 한이 없어서
하늘색 같은 파아란 마음을 사모한다

-「나의 빛깔과 향기」에서

글이란 감정의 색을 입히는 작업이다. 이아영 시인은 자신을 내려놓고 직시하며 담백하게 색으로 표현해 낸다.
선호하는 색은 하늘색이지만 희미한 분홍에 가까워 무시당하는 색이라 하면서도 진분홍을 열망하는 역설의 마음을 담고 있다. 빛바랜 향기처럼 마르는 꽃이다가 그러면서 나무그늘에 서서 파아란 하늘의 마음을 사모한다. 그러다 흐르는 물길의 향기 따라 자신은 맑은 물빛이 되어 차라리 흐른다.

꿈결처럼 지나온 세월이 삶이라면
나는 지금 꿈을 꾸는 것일지도 모른다

하늘이 내게 준 자연 속의 만물과 사람들
그리고 바람과 국화향기와
아름다운 저 저녁노을까지도 누리며

끝없이 소유할 것 같던 것들을
귀한 줄도 모른 채
꿈이 깨지는 날이 언젠지도 모르고
그냥 지나쳐 버리면서

아름다운 가을 단풍이 가는 것을 아쉬워하며
떨어진 낙엽 밟는 소리에 늦가을이 저문다

—「삶」에서

삶은 계절이 부지런히 피고 지며 일 년 가고 수십 년이 지나 고목나무에 꽃을 피우듯 지나온 세월의 꿈을 과거 회상하며 하늘이 준 사랑의 은혜에 자연 / 바람 / 국화꽃 향기 속에 저녁놀을 그린다. 끝없이 소유할 것 같은 현실도 끝내는 내려놓아야 하는 그때가 올 때는 꿈을 깨는 것이라고 작가는 말한다. 아름다운 저무는 소리에 붙잡을 수 없는 가을은 사랑이요 인생의 그리움의 연민이다.

다 올라왔는가
아직도
저만치 보이는 그 길

허덕여 올라
한숨 돌리고 바라보면
안개 결에 숨어 손짓하는 소나무

지친 몸 걸터앉은 그루터기
굽이굽이 언덕 아래 오솔길
멀리도 왔구나 놀라워라 그 길

푸른 하늘 흰 구름에 띄워
두둥실 실어 보내리
오늘도
내 마음 저 언덕에 두고 올라간다

–「삶의 언덕에서」에서

길은 기억의 재생으로 삶을 회상하게 하며 현실을 인식하게 한다. 길이 보인다. 추억 / 에피소드 / 경험의 스토리까지
태양이 내리는 길, 사랑이 내리는 길, 감성이 내리는 길,
달빛이 내리는 길, 이아영 시인의 길은 빛이 내리는 그 길 따라 감성 속에 아름다운 눈물이 되어 내리는 길이다.
생각이 깊어지며 보이지 않는 뇌 속에는 지나온 슬픔의 길이 있고 눈물의 길도 공존한다. 또한 그리움에 대한 달빛이 내리는 길도 내재되어 있다. 오늘도 삶의 그루터기에 앉아 마음은 놓아두고 하늘 오르기를 한다. 애잔한 우리의 인생이야기다.

삶은 그림자놀이
비겁한 술래잡기이다

내가 누구인지 감추고
속살은 드러내지 않는

인생의 여정은
그저 장막 뒤에서
어른대는 검은 초상일 뿐

인간이 되었다가
동물이 되었다가
꽃이 되어 보는

흰 장막 뒤에서 자신을 비추는
'굴메 지우기' 놀이에
나날이 나도 젖어간다

-「그림자놀이」 전문

그림자는 나의 또 다른 얼굴이다. 장막 뒤에 가려진 내면의 어두운 모습, 한줄기 빛을 갈구하면서도 부끄러운 자신을 드러내지 못한 채 우울과 상처로 빛이 지워주길 바라는 지도 모른다.
그림자의 가증스러움과 연민과 사랑을 보면서
보이지 않는 또 하나의 세계 속에서 갈망하며 아무것도 할 수 없는 숨길 수 없는 모습으로 그림자는 끝없이 탈출을 시도하고 있는 갇힌 공간의 자신의 모습이다.
또 하나의 세계에 사는 내가 가꾸어야 할 영혼, 나의 분신인 것이다.

오늘은
나의 작은 손이

커 보인다
주름진 나의 손이

이 손이 없었다면
그 많은 일들을 어찌 다 해냈을까
다루기 힘들었던 버거운 세월
한 움큼도 안 되는 좋은 날들

손가락 사이로 나도 모르게 흐르던 소중한 것들이
이젠 주름진 손에 강물처럼 고여 있다

—「손」에서

이 작품은 손에 대한 인간의 사랑과 해석이다.
'손' 이라는 나의 또 다른 객체는 늘 분주하고 다른 사람을 위해 봉사와 희생을 아끼지 않고 있다. 이 작품은 이 시인이 가정에서의 부모로서의 역할뿐 아니라 29년간 학교 교육기관에서 교사를 지내며 사회에 봉사한 거룩한 손이다. 그리고 손에 대한 사유는 작은 손이 커 보이는 주름진 손으로 자신에 대한 사랑이 보상과 위로의 마음을 대신하여 주름진 마디사이에 인생의 세월이 강물처럼 고귀하게 흐르고 있는 것이다.
오늘따라 커 보이는 '마음의 아름다운 손' 이다.

| 거울아 거울아
나는 너를 볼 수가 없구나
너는 나를 보고
세월을 알아보는데

나는 나를 보지 못하고

너의 모습만 안쓰러워하는구나

거울아 너는 아무것도
안에 가두지 않고 잡지도 않고
밀어내지도 않는구나
남들은 나를 아는데
난 나를 모른다니 !

II 너의 모습이 나라고 깨닫는 그 순간
비인 마음으로 자신을 바라본다

깨끗이 닦인 너에게 나를 보여주고
나를 알아볼 수 있도록
자신을 닦아본다

–「거울아」 전문

거울은 밝음을 통해 진실의 세상 문 밖으로 비춰진다.
투명함 속에 또 하나의 나도 만나고 세상을 만난다.
닦아도 보이지 않는 세상은 어둠의 문이요, 검정거울이다.
빛을 통해 현실을 그것만큼 보여주고 빛의 굴절로 마법의 거울이 된다. 자신을 갈고닦아 내 마음속에 거울을 만들고 멈추어진 시간이 아니라 서로 진실로 대화할 수 있는 친구 같은 또 하나의 나를 만난다.
새 아침의 문이 열리는 순간 진실의 거울 속 내가 다시 태어난다.

땅의 성질에 따라
다른 색깔의 꽃을 피우는

바람둥이 파아란 수국
소녀의 꿈이라는 분홍수국

흰색은 변덕 변심이라고
그래도 보라색은 진심이라네요

산성흙에는 파란색의 꽃
염기성에는 분홍색이나 보라색 꽃
중성 흙에는 흰색 꽃이 핀답니다

바탕에 따라 꽃의 색깔이
변하는데 우리는
어떤 바탕에 심겨진 걸까요

–「수국」에서

흙의 성질 따라 색깔이 다르게 피어나는 수국처럼 우리의 마음바탕 따라 생각으로 나타나 보이는 것이 마음의 색깔이다. 또한 마음은 구름같이 흩어지고 무수한 형태로 다시 만나는 유형체이다. 자신을 표현하는 무대에서 삶의 지표로 이름표 달고 휴식하고 꿈을 가꾼다.
보이지 않고 만질 수 없는 끝없는 움직임 속에서도 허공이나 영혼과 함께 살며 수시로 감정이라는 색을 입는다.
마음밭에서 생성되는 에너지의 경작으로 생각이 모여 의식이 가미되고 또 다른 발상으로 행동이 실현된다.
마음은 알 수 없는 바탕체이기도 하며 중심에 흔들리지 않는 텃밭으로 자유와 행복과 불행의 씨앗을 경작하는 인생 지표의 무대인 것이다. 이 시 詩에서 작가는 마음이라는 화두 話頭를 통해 우리는 다시 한번 생각해 본다.

하늘은 푸르고
햇살은 부드러워

파도 위에 갈매기 하얀 날갯짓하고
가마우지는 물 위로 솟아올라 자신을 알린다

하늘의 마음 따라 바다는 푸르게도 검게도
아름다운 황금빛으로 물들이고

파도는 푸르게 다가와 하얗게 부서지는데
무엇이든 다 품어주는 바다 아닌가

기쁨도 슬픔도 묵묵히 받아 안고
심연의 깊은 곳에 쉴 곳 내어주는
무심한 듯 늘 거기에 있다

–「바다의 품」에서

하늘처럼 늘 푸르름으로 바라보는 수용적 자세로
하늘과 함께하는 바다이다. 무심한 듯 늘 거기에 있으며 우리를 품어주는 하얀 포말의 언어로 석양에 아름다운 황금빛으로 동조하며 물들게 한다. 심연 深淵의 넓은 가슴으로 품어주고 내어주는 이시인의 객관적이고 주관적인 시 詩이다.
파도 소리도 관 觀하고 바다의 발자국 따라 햇살에 웃고
파도소리에 춤추고 넓고 깊은 곳을 내어 안락으로 쉬게 해주는
무심한 듯 거기 있는 바다의 너른 품의 시 詩이다.

밝은 해에 가리워 하얗게 바래버린
수줍은 반달은 빛 속에 숨어
무엇을 생각하고 있는지

밤새 받아 담은 간절한 염원과 소망을
전능하신 주인께 올리고
눈 부신 빛을 받으며 작아진다

다시 해가 기울고 하늘에 어두움이 서리면
숨었던 하얀 달은 차츰 제빛을 발하며
모습을 드러내고 소임을 시작한다

넘실대는 바다는 그대로인데
해와 달과 별이 드나든다

—「새벽달의 연인들」에서

새벽 산책에서 볼 수 있는 하얀 달이 떠오르는 태양을 맞이하는 겸허한 순간이다. 빛의 여진으로 하얗게 남아있는 연인 같은 수줍은 반달이 어둠 속에서도 꿈을 꾸며 사람들의 간절한 염원을 담은 메시지를 하늘에 올려 소임을 다하고
이제 어둠의 세상을 밝히는 태양과 임무교대로 자리를 교차하는 성스럽고 아름다운 모습을 담고 있다.
지상의 바다는 그대로인데 천체기상의 하늘은 늘 바쁘게 해와 달 별들의 순환으로 드나듦이 있다. 자연과 교감하는 속초 앞바다의 새벽 달빛사랑으로 하얀 달빛이 내리는 휴양지의 모습을 담았다.

우리의 가는 길에 눈물이 내리게 하소서

뜨거운 눈물로 온갖 상처를 씻을 수 있도록

눈물이 흘러내리는 길에 들어서서 마음이 젖게 하소서
메마른 가슴을 적시어 옥토로 변하도록

위로의 말 대신 뜨거운 눈물을 머금게 하소서
얼어붙은 마음을 녹여주는 따스한 샘이 되도록

넉넉한 마음으로 눈물이 흐르는 길을 걷게 하소서
모든 상처를 쏟아 쓰라린 아픔이 흘러가도록

슬픈 이들과 공감하여 우리의 마음 밭이 따뜻하게 하소서
따스하고 온전한 새 살이 돋아나게 하도록

눈물로 슬픔을 씻어 내리게 하소서
서로의 마음에 치유의 정을 담도록

–「눈물이 흘러내리는 길」 전문

눈물은 괴로움, 역경, 어려움의 고뇌가 빛으로 녹아나 대지에 흐르고 알곡같은 아름다운 보석이 되어 빛으로 내린다.
이아영 시인의「눈물이 흘러내리는 길」그 길은 보석 같은 눈물이 아름다운 날이다.

나무가 소리 없이 부른다
나무는 말하지 않는다
작은 손짓에도 반기며 춤을 춘다
사나운 폭풍에는 달아날 수 없어
다만 강한 몸짓으로 대항한다

나무는 봄을 부른다
아무 말 없이 닫았던 봄의 문을 열고
겨우내 돌보던 새싹을 내보내면서
살아 있음을 보여 준다
그런 나무가 좋다

-「나무의 침묵」에서

서 있는 듯 봄으로 걸어가며
죽은 듯 살아 있는
인내와 여유로움의 표본이다

조금씩 아주 조금씩 커가며
세찬 바람에도 뿌리는 흔들리지 않고
자꾸자꾸 깊숙이 겨울 속에 살아낸다

나무는 삶의 표상이다
위로와 용기 소망을 주는
모든 두려움을 포용하는 말없는 숲의 미소다

-「나무의 미소」에서

맨몸으로 서 있다
그루터기만 남아
물을 찾아 힘차게 뻗어가던
청춘의 뿌리를 고요히 거두어
늙은 부모처럼 오직 편히 앉아 쉬고 있다

자연은 가장 잘 받은 자에게 더 준다니

받은 선물을 소중히 키워가는구나
슬픔과 함께 더욱 아름다워진 사랑의 빛깔로
시간의 흐름에 순응하는
말 없는 나무의 가치

–「그루터기의 나무」에서

「침묵의 언어로 말하는 나무」는 우리와 느낌으로 함께 생각을 나눈다 말하지 않는 나무는 다만 바람에게 몸으로 말하고 햇빛에게 사랑으로 화답한다.
누가 나무의 말없는 고통을 알겠는가 그의 몸에서 느끼는 내면의 열정의 울음은 한 겨울 수액을 뿌리에게 보내고 때를 기다리는 새 봄에 받을 사랑을 세상에 늘 푸른 잎으로 보답한다.「봄의 미소」로 걸어가는「그루터기」에 겨우내 흔들리지 않는 믿음으로 바람을 포용하며 사랑의 빛깔로 키워낸
장한 어머니의 나무다.

일찍이 하늘에는 생명이 있었지
그 생명은 사람들의 빛이었지

하늘의 주인을 본 사람이 없으나
참빛을 대신 내려 보내어

어두움을 비추었으나
어두움이 깨닫지 못하였네

세상은 그를 알지 못하였고
어둠에 속한 세상은 빛보다 어두움을 더 사랑하더라

하늘의 햇볕과 구름 속의 빗물이
땅 위의 온갖 산천초목을 무성히 키우듯이

일찍이 하늘에는 생명이 있었지

—「빛의 자녀」에서

구름이 해를 가린다고
아무것도 안 보이는 것은 아니다
단지 빛나지 않을 뿐

지평선 너머로 해가 진다고
하루가 없어지는 건 아니다
밤이 그곳을 통해 오고 있지 않은가

우리 눈에 해가 보이지 않는다고
해가 죽은 것은 아니다
불타는 듯 찬란한 빛을 뿜고
내일을 기약하지 않는가

슬픔 너머에 숨어있는 한 줄기 불빛은
밤과 낮 사이에서 멈칫거리고 있는
짧은 시간의 마지막 햇살인 것을

—「찬란한 빛을 이 땅에」에서

빛은 여과와 투과성을 통해 인간에게 울림을 준다.
어둠 속에서 또 하나의 밝은 세상을 만들고 빛이 주체가 되어
태양을 맞이하고 다시 어둠의 숨소리와 함께 하늘의 문을 닫는

밤이 온다.
새 날이 밝아 빛의 시간이요 질서요 평화이다.
새 생명의 선의 씨앗이 열리고 빛은 영원하다.
작가는 말한다. "슬픔 너머에 숨어있는 한 줄기 불빛은 밤과 낮 사이에서 멈칫거리고 있는 짧은 시간의 마지막 햇살인 것을" 이라고 그는 빛의 자녀임을 인식한다.

의식은 수많은 행동을 유발하지

내면의 깊은 생각이 나를 지배하고

무심히 내다보는 창밖의 풍경은 내 마음 없이도
조금씩 변해가는 우리 마을의 정다운 모습

무심코 흘러가는 마음은
저 높은 곳을 향하여

날마다 조금씩
새로운 의식의 세계로

–「나의 의식」에서

바램은 있어도 이루지 못한 한 조각의 꿈이

가끔 꿈속에 만나보는 갈망의 찌꺼기
그저 무의식이라는 생각의 그림자
그런 세상이 있어 그래도 다행이다

볼 수 없다고 느끼지 못하는 건 아니다
말하지 않아도 전할 수 있는 것을
무의식 중에 나오는 표현
진정 거울 같은 진심이 아닐까

―「무의식의 길」에서

의식은 거울이 없어 볼 수도 없고 다만 마음으로 느낄 뿐이다. 몸으로 체득하여 바람에 스미는 것, 향기로, 근육 감각 이미지에서부터 느낀다.
6관 觀의 감각을 통해 의식으로 전달되고 생각의 분해-집결-분산으로 신체의 의식으로 전달된다.
사물(物) 외의 경계에 머물지 않고 안팎으로 관측하며 의식의 자양분을 얻고 빛의 길로 나아간다. 그래서 의식은 올바른 생각(正見)과 올바른 의식(正念)으로, 정제된 의식과 무의식의 잔영으로 행동이 실현된다.
갈망의 찌꺼기는 꿈속에서라도 무의식의 거울이 있어 생각의 그림자를 읽을 수 있어 다행이라고 시인은 말한다.

시인의 작품세계는 정신세계이고 추구하는 내면의 의식의 형상화이다. 정신의 영역을 구획으로 나눠보면 가치관에 따라 관심대상에 초점을 맞춘다.
땅에 존재하는 사물의 대상 추상적 형상을 관점으로 보고 글의 도형으로 풀어 이름 짓고 해석과 분석으로 정의를 해나간다고 보면 되겠다.
이번 이아영 시인의 시집『삶의 바다』는「마음의 창 窓으로 그린 노을빛 바다」이다. 창 窓은 바라보는 대상이 있고 사물이 있어 시 詩가 되어 엮인다. '물속의 창' 은 흐르는 물소리의 시각화, 물풍경 속의 또 하나의 세상으로 마음이 사는 세계이고 '하늘의 창' 은 마음의 손으로 그린 그림이 있고 떠날 때 남기고 가는 삶의 문양이 있다.
'숲의 창' 은 나의 곁 세상이야기이다.

그에게는 항상 음의 선율이 있는 음악성이 있고 그림의 형상이 있는 멋진 회화성이 있으며, 그 마음의 창 窓에는 삶의 날개와 함께 향기가 있고 꿈을 그리며 사는 삶의 문양으로 빛과 함께 영원히 살아있다.

| **부록** - 지원 이아영의 묵화 실기작품 |

富貴玉堂
富貴玉堂
富貴玉堂

주님 안에서
평안 행복
소망

君子之香
智苑
過而不改
南谷

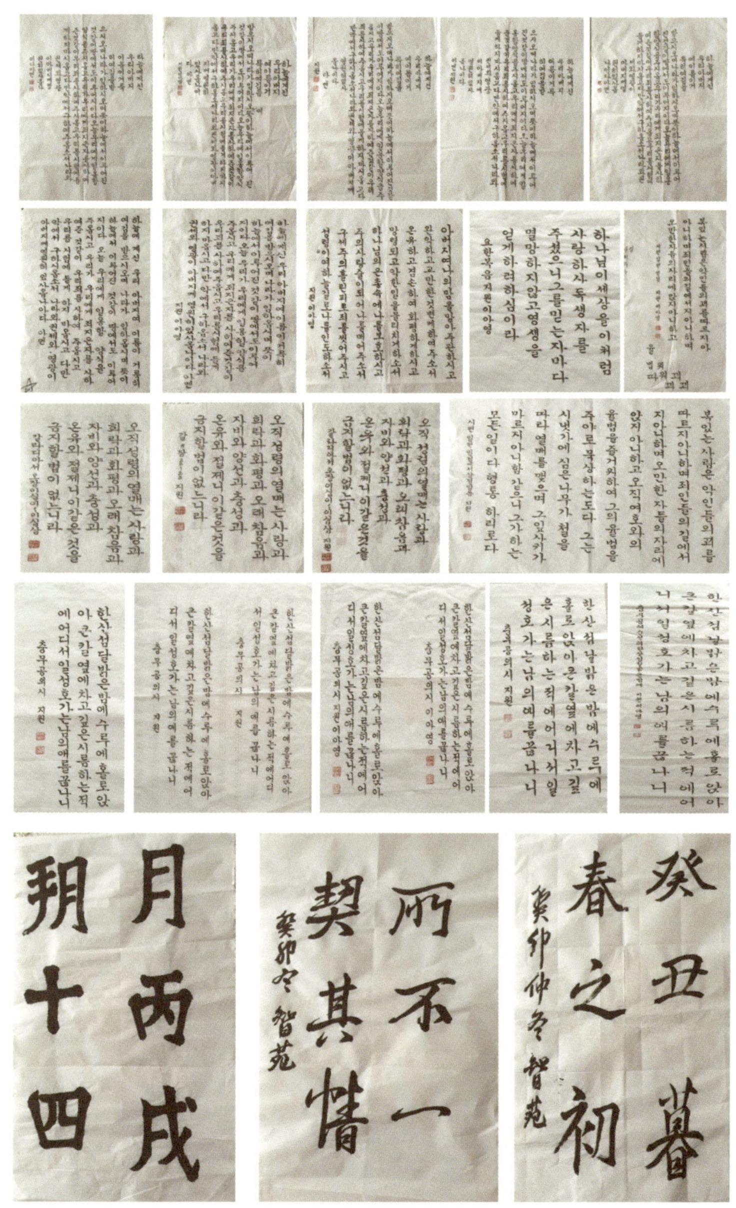

이아영 시집

삶의 바다

2024년 5월 7일 인쇄
2024년 5월 7일 발행

지은이 이 아 영
펴낸이 신 용 호
펴낸곳 창조문학사

서울 서대문구 홍은동 397-26 동천아카데미 5층
등록번호 제 1-263호
전화 374-9011, Fax 374-5217
공급처 한국출판협동조합 전화 716-5616~9

값 12,000원
ISBN 978-89-7734-808-0